수채화처럼 투명한 이경옥의 자전 에세이

# 경옥이 그림일기

푸른사상
PRUNSASANG

■ 작가의 말

## 여든 길을 접어들며

여든에 접어들면서 내 인생의 여름 방학이 끝나간다는 생각이 들었다. 내가 정말 잘 살아왔는지, 또 앞으로 어떻게 잘 살아야 하는지 나도 이제는 나를 돌아보고 싶었다.

한참을 주춤하고 고민도 많이 했다. 나는 화가도 작가도 아니다. 여든세 해의 삶을 그림으로 글로 이야기하고 싶었다.

내가 좋아서 시작한 그림일기지만 그림도 글도 평가가 두려웠다. 밀린 방학 숙제를 제출해야 할 시간이 천천히 다가오고 있기 때문에 쉴 사이 없이 인생을 쓰고 그리면서 하루가 짧았지만 내 생애 그 어느 때보다 참으로 행복했다.

2022년 가을에
이경옥

■ 차례

작가의 말 여든 길을 접어들며 · 3

## 제1부

| | |
|---|---:|
| 인천 갈매기 | 11 |
| 다시 만날 수 있을까 | 13 |
| 눈 내린 아침 | 15 |
| 나의 창문 | 17 |
| 철쭉과 소나무처럼 | 19 |
| 그리운 엄마 | 21 |
| 홍예문을 지나가며 | 23 |
| 5센티만 크면 좋겠다 | 25 |
| 꿈이 생기다 | 27 |
| 우리는 북두칠성 | 29 |
| 배움의 다리를 놓다 | 31 |
| 언니가 시집가던 날 | 33 |

## 제 2 부

| | |
|---|---|
| 아이와 어른 사이 | 37 |
| 엄마의 까치밥 | 39 |
| 내 애인은 | 41 |
| 백송 | 43 |
| 오늘과 다른 내일을 위하여 | 45 |
| 신앙 생활을 시작하다 | 47 |
| 내 그림자를 만들다 | 49 |
| 소나무 한 그루 심다 | 51 |
| 빈 의자 | 53 |
| 파도처럼 | 55 |
| 꽃이 흐드러지게 피는 날들 | 57 |
| 보채지 말자 | 59 |
| 부활절이면 | 61 |

## 제3부

| | |
|---|---|
| 폭설 | 65 |
| 연리지 | 67 |
| 엄마는 살아 있다 | 69 |
| 나의 용천수 | 71 |
| 시내산에 다시 가고 싶다 | 73 |
| 바라보기만 해도 좋은 | 75 |
| 독도에 서다 | 77 |
| 그림 그리기를 시작하다 | 79 |
| 봄 | 81 |
| 여름 | 83 |
| 가을 | 85 |
| 겨울 | 87 |
| 겨울에서 봄으로 | 89 |

제 4 부

| | |
|---|---|
| 이만큼의 거리 | 93 |
| 또 하나의 기둥 | 95 |
| 울타리 | 97 |
| 노을 속 소나무 둘 | 99 |
| 제부도 갯벌에서 | 101 |
| 선물 | 103 |
| 매화로 필 때까지 | 105 |
| 엄마 나이에 | 107 |
| 상사화 | 109 |
| 시어머님의 계단 | 111 |
| 아이가 되다 | 113 |
| 나에게 칠 일이 남았다면 | 115 |
| 나는 화가도 작가도 아니다 | 117 |

**위기 속에서 피는 꽃** 이상백 · 118    **이야기가 있는 전시회** 박일훈 · 119

# 제 1 부

스스로에 대한 믿음과 자신감도 있었지만
언제나 나는 그 자리에만 있었다.

# 인천 갈매기

인천 월미도 바닷가 갈매기는 늘 정겹다.

아버지와 엄마, 그리고 팔 남매가 살던 때로 나를 데려간다.

무뚝뚝해도 장남으로서 책임감이 강했던 오빠.

어려서 나와 생활반경이 비슷해서 유독 정이 많은 언니.

오빠 가고 난 자리에 오빠보다 더 자상한 남동생.

뜨개질에 도사인 첫째 여동생.

배짱이 두둑하고, 조카들에게 하나밖에 없는 옷을 만들어주는 둘째 여동생.

남한테 신세 안 지고 분명한 막내 여동생.

늦게 사진을 배워 요즘 가장 행복한 막내 남동생.

아버지와 엄마, 그리고 오빠는 하늘나라로 가셨다.

남아 있는 우리들은 파도에 밀려다니면서도 함께하려고 애를 쓴다. 형제 자매는 내 삶의 의지가지다.

## 다시 만날 수 있을까

아버지는 1909년 황해도 연백에서 태어나셨다. 열두 살부터 인천에서 사셨다. 결혼하면서 각종 건어물 도매상과 자전거포를 고모부 형제와 함께 운영하셨다.

꼼꼼하고 다정다감하셨다. 특히 가족 주변을 잘 돌보셨다. 사랑방은 친척들이 거쳐 가는 곳이었다. 낚시로 망둥어나 붕어를 잡아 오시는 날에 우리 가족은 별미를 먹었다. 그런데 6·25 이후, 재산도 잃고 몸도 많이 쇠약해지셨다. 여름 더위에 동생들과 물놀이 가셨다가 심장마비로 마흔아홉에 돌아가셨다.

우리들 등 뒤에서 듬직하게 지켜주셔서 별 고생 없이 지내온 우리는 아버지를 땅에 묻고 어찌할 바를 몰라 줄줄이 서서 눈물을 흘렸다. 고등학교 이 학년이었던 나는 삼복더위에 무명으로 만든 상복이 땀에 젖은 다리에 척척 감기는 것을 떼어내며 한참을 울었다.

# 눈 내린 아침

먼 산에 눈이 쌓였고, 앞에 보이는 어린 소나무에도 눈이 담뿍 쌓였다. 눈이 시리게 햇빛이 내리쬐는데 팔 남매가 올망졸망 붙어 앉아 엄마의 따뜻한 손길을 기다리는 것 같다.

내 인생에 가장 가까웠던 엄마는 경기도 소사에서 태어나셨다. 팔 남매를 낳고 기르며 별 다툼 없이 잘 사시다가 갑자기 아버지가 돌아가신 뒤부터 엄마는 집안의 경제를 책임지게 되었다.

우리들을 위해서라면 안 해본 일이 없다. 뭐든지 잘 해내는 여장부였다. 특히 음식 솜씨가 좋아서 반찬이 맛났다. 옷도 다 만들어 입혔다. 자식들도 친척들도 모두 보살피고 주변 사람들에게 따뜻한 정을 나누며 지혜롭게 사셨다. 특히 내 남편이 아플 때 가까이에서 돌봐주셨다.

엄마가 살아가신 방식을 나는 많이 닮았다.

# 나의 창문

나는 인천 송림동 249번지에서 팔 남매 중 셋째로 태어났다. 할머니께서 '딸일망정 아들처럼 잘생겼다' 했는데, 이후 남동생을 보았다.

일제강점기 막바지로 폭격이 너무 심해서 등화관제도 많이 했다. 일본 사람들을 피해서 빨간 비로도 옷을 입고 할머니와 함께 기역자 초가집 툇마루 햇빛이 드는 곳을 떠나 백천으로 피난을 떠났다. 해방되고 돌아와 이 년 뒤에 송림국민학교에 들어갔다.

학교는 하나씩 알아가는 기쁨의 배움터였다. 나에게 창문과도 같았다. 매일매일 새로움으로 가득 찼다. 학교 생활 12년 동안 개근을 할 수 있었던 이유인 것 같다. 암산도 주산도 재미있었다. 한글 서예 학습 서본을 쓰기 시작했다. 별명은 '얌전이'지만 동네 넓은 마당에 또래가 모여서 술래잡기도 즐겼다. 두 살 터울의 언니와 학교를 같이 다녀서 든든했다.

## 철쭉과 소나무처럼

　1·4후퇴로 피난길에 오르다 엄마와 헤어질 뻔했다. 어떤 아저씨가 나를 업어서 소래 다리를 건네준 생각을 하면 지금도 아찔하다. 낮에는 방공호에서 자고, 밤에는 사촌 언니네가 모두 피난을 떠난 집에서 잤다. 밤에 중공군이 와서 문을 열기에 죽은 듯이 자는 척하니까 그냥 갔지만 너무 무서웠다.

　지금도 가끔 비행기를 타면 그 당시 B-29 폭격기가 떠오르곤 한다. 총알이 얼마간은 솜이불을 뚫지 못한다는 말을 듣고 B-29 소리와 동시에 이불을 뒤집어쓰던 일이 생각난다.

　큰집에 명절이나 제사 때 가는 길은 눈이 내려서 내 키보다 높게 쌓였다. 아버지는 성큼성큼 앞서가시고, 형제들은 두런두런 이야기를 하며 뒤에서 걸어간다. 우리보다 집을 일찍 나서서 일을 돕고 계시는 엄마를 큰집에서 만나게 될 때, 가족들은 모두 영원히 헤어지지 않고 함께 살아야 한다는 생각을 했다.

# 그리운 엄마

살던 집에 불이 나서, 우리 가족은 인천 중구 관동 3가 1번지로 이사를 했다. 형제들이 결혼하면서 각자의 보금자리로 흩어지기 전까지 여기에서 함께 살았다.

오십팔 년 만에 우리 집이 있던 자리에 왔다. 물론 다른 건물이 들어서 있다. 엄마 살아 계실 때 "우리가 살던 곳에 우리 집을 다시 지어보자"고 형제끼리 했던 말이 스쳐가며 가슴 아프다. 나부터도 사는 일에 모두 바쁘다며 미뤄두었던 탓이다. 이곳에 오니 아버지와 엄마 모습이 그 어느 때보다 생생하다.

우리 집이 있던 신포로 일대가 새롭게 '청년 김구 역사 거리'로 조성되었다. 늘 가던 '자유공원' 올라가는 길 끝에 서니, 아들을 따라다니며 옥바라지하셨다는 김구 선생의 어머니가 김구 선생의 뒷짐진 손을 꼭 잡고 인천 바다 쪽을 바라다보는 동상이 있다.『백범일지』의 당당하던 김구 선생 모습보다 더 내 가슴에 한참 동안 머무른다. 돌아가실 때까지 나를 챙겨주시던 엄마가 생각나서 슬며시 동상에 다가가 내 손을 얹는다.

## 홍예문을 지나가며

　스스로에 대한 믿음과 자신감도 있었지만 언제나 나는 그 자리에만 있었다. 나를 이끌어서 꽃피워줄 수 있는 어떤 사람도 내 주변에 없었다고 생각했는데, 따지고 보면 내게 용기가 없었기 때문이다. 그래도 고마운 것은 사람들과의 만남에서 어떤 의심과 배신도 없어서 내 마음이 늘 평온했다는 것이다.

　학교 가는 길에 홍예문을 지나가면서 '아! 아!' 목청을 가다듬어 소리내면 멋지게 울려 나오던 내 목소리, 〈그리운 금강산〉을 작곡하신 최영섭 선생님께서 우물 안 개구리였던 우리들을 세상 밖으로 데리고 나섰다. 처음 서울로 가서 전국 학생 합창대회에 참가했다. 입상은 못 했지만, 새로운 세계에 처음 도전할 때면 그때처럼 내 가슴이 쿵쾅거린다.

　나를 인정해주셨던 박혜숙 선생님 덕분에 경시대회 준비도 해보았다. 또 옷도 만들게 되어 교복도 만들어 입어보고, 학급 대표로 탁구도 치고, 하루가 짧았다.

## 5센티만 크면 좋겠다

내 키가 작다는 것을 알게 되었다.

엄마를 닮아서 키가 작았지만, 엄마가 큰 손으로 주변 사람들에게 잘했기 때문에 별로 문제 되지 않았는데, 갈수록 뒷자리에서 앞자리로 오면서 선생님 말씀을 놓치지 않는 키 작은 얌전이가 되었다. 선생님과 나만이 공부하는 것 같았다. 공부할 때는 키가 작다는 것을 의식하지 못했다. 누가 뭐라고 하지 않았지만 길을 걸어갈 때면, 5센티미터만 키가 크면 좋겠다는 생각이 늘 떠나지는 않았다.

어른이 되면서 사회 활동이나 리더로서 누구보다 더 열심히 했다. 나 스스로가 작은 키에 큰 마음을 담아서, 나를 보는 사람들이 내 키보다 내 마음을 먼저 볼 수 있기를 바랐다.

## 꿈이 생기다

　수학여행을 가지 않았다. 누가 가지 말라고 한 것은 아니었다. 형제 많은 가정을 꾸려가는 엄마가 힘들어 보여서 내린 결정이었지만, 경주 수학여행을 마치고 돌아온 친구들의 이야기와 사진 속의 불국사를 보면서 조금은 아쉬웠다.

　나는 내 능력으로 꼭 세계 일주를 하겠다는 꿈이 생겼다. 남편과 첫 가족 휴가를 불국사로 갔다. 학창 시절에 나만 경주에 가보지 못했던 마음에 누구보다도 일찍 내 아이들에게 불국사를 보여주며, 혼자 마음 설레던 그때의 마음을 아무에게도 들키지 않았다.

　이런저런 행사로 경주를 가게 될 때마다 그 마음은 늘 벅차올랐다.

## 우리는 북두칠성

    수선화는 별이 떨어져서 핀 꽃 같았다.
    고등학교 삼 학년 때, 우리들은 맑은 밤하늘에 빛나는 별이었다. 더 멋진 학창 시절을 기념하여 변하지 말자고, '북두칠성'이라는 이름을 지었다. 내 별은 네 번째 별이었는데, 제일 반짝이지 않아서 서운했다. 나는 은근히 욕심이 있었던 것 같다.
    그 시절이 지나서 우물에 두레박을 내리다가도, 밤하늘의 북두칠성을 바라다보곤 행복했다. 우물가의 옥잠화 향기는 우리들의 우정만큼 짙었다.
    나는 밤하늘의 그들이 나를 지켜준다는 생각도 하는데, 물어보지는 않았지만 그들도 그러리라 믿는다. 우리가 부러웠던지 세 명이 더 모여 '십자매'가 되었다. 세 번째 별이 떠났지만, 남은 별들이 건강하게 있어 그저 고맙다.

## 배움의 다리를 놓다

　대학 진학을 못 하게 되었다. 학창 시절이 마지막이라는 생각으로 가슴 아프게 고등학교를 졸업했다. 처음으로 우리 집 가정 형편에 대해서 많이 속상했다. 배움의 다리가 끊기면서 여기까지가 내 운명이라고 생각했다.

　학창 시절 나의 참고서는 개근상과 우등상으로 받은 사전이 전부였다. 미군에게 영어도 배웠는데, 그분이 나에게 써준 편지 내용 중에 'excellent student'라는 단어가, 가끔 지칠 때마다 나를 위로해주었다. 아니 용기도 주었는데, 막연하게 작가가 되고 싶었지만 작가가 되기에는 미숙했다.

　나는 나를 필요로 하는 사람이 되어야겠다고 생각했다. 그래서 각 분야에서 쓰임을 받으려면 두루두루 잘해야겠다는 생각에 참여 의식이 더 강했다.

　지금도 배움의 끈을 놓지 않고 애쓰는 이유이기도 하다.

## 언니가 시집가던 날

　언니는 아버지가 돌아가시기 전부터 혼담이 오고 간 터라 일찍 결혼을 하게 되었다.
　당이모와 엄마가 바느질하여 혼수를 장만했다. 나도 그 옆에서 언니가 입을 한복 치마 주름을 잡으며 기쁨을 함께했는데, 막상 언니 시집가는 날 신부 대기실에서 나는 울고만 있었다. 언니 시집가는 좋은 날에 식장에는 들어서지도 못하고 내내 울다가 불려 나가서 가족사진만 찍었다.
　이 좋은 날을 아버지와 함께하지 못하는 안타까움이 가득 차 있었다. 또한 두 살 차이 나는 언니와 껌딱지로 붙어 다니다가 떨어지는 상실감 때문에 평생을 통해 한없이 울었다.

# 제 2 부

오늘과 다른 가정을 내일은 꼭 만들어보겠다고
다부지게 마음 먹었다.

# 아이와 어른 사이

아버지 죽음으로 나는 철이 들었다. 아이에서 어른으로 발을 들였다. 오직 엄마를 도와서 잘 살아내야 한다는 생각들이었다. 쌀겨에다 양잿물을 섞어 비누를 만들고, 보릿가루를 반죽해서 밀고 썰어서 보리쌀 떡국을 함께 만들어 먹었다. 덕분에 가사 시간에 칭찬을 도맡았고, 결혼해서 처음 송편을 빚을 때도 며느리로서 인정도 받았다.

아버지의 죽음은 좌절을 이기고 빨리 어른이 되도록 나를 이끌어 주셨다.

'사랑의 기쁨은 어느덧 사라지고

사랑의 슬픔만 영원히 남았네.'

별다른 감정 없이 부르던 노래였는데, 아버지가 돌아가시고 부를 때면 아버지의 사랑으로 감정이 바뀌면서 눈물을 줄줄 흘렸다.

## 엄마의 까치밥

　아버지가 낚시해 오신 것을 금방 손질해서 만들어낸 붕어 조림. 김장하고 나서 남은 배추를 꾸둑꾸둑 말려서 간장에 넣어 만든 배추장아찌. 솥뚜껑에 돼지기름을 두른 빈대떡. 늙은 호박과 무청을 소금에 절여서 만든 호박김치. 소의 내장인 양을 데치고 곯어내 중탕을 해서 뽀얗게 보약으로 만들고, 콩나물에 엿을 녹여 감기약으로 해주셨다. 밀가루 반죽에 막걸리를 넣어 아랫목에서 이불 바깥으로 나올 정도로 부풀려 빵을 만들어주셨다.

　우리들이 배고픔을 모르게 했던 엄마는 누가 뭐라고 해도 여전히 나에게 영웅으로 남아 있다.

## 내 애인은

언니가 일찍 결혼하고, 오빠는 군대를 가서 내가 가장이나 다름없었다. 직장 생활로 경제를 담당하며 동생들을 돌보고 우리 집 가계를 꾸려갔다. 일기와 가계부도 썼다. 돌이켜보면 월급 받으며 한 일에 비해서 책임감과 인간관계를 그때 배워둔 덕에 살아가면서 더 많은 보상을 받았다.

간간이 보는 영화는 직장 생활을 하는 내게 활력소였다. 〈작은 아씨들〉을 보면서 우리 자매들을 빗대어보았다. 〈황태자의 첫사랑〉을 본 후에 나는 주인공 에드먼드 퍼덤을 내 애인이라고까지 했다.

그러나 결혼하면서 남편이 내 평생의 애인이 되었다.

# 백송

내가 직장 생활을 하던 스물다섯 살 때, 조동섭 씨를 처음 만났다. 엄마가 하숙을 치고 있었는데, 하숙생 친구들 중 한 사람이었다. 나와 결혼하고 싶다고 엄마에게 정식으로 청혼을 넣었다. 잘생기고 과묵하고 반듯해서 엄마도 눈여겨보고 있던 터였는지 내게 만나보라고 허락했다.

그의 꿈은 선생님이었지만, 가난한 살림에 돈을 많이 버는 방법을 배우려고 고려대학교 경제학과를 선택하였다고 했다. 꾸미지 않는 솔직함도 좋았지만, 내가 좋아하는 오페라나 클래식 음악에 조예가 깊다는 것에 놀랐다. 장남으로서 그 힘든 삶 속에서도 감성이 살아 있는 것이 무엇보다도 마음에 들었다. 소나무로 치자면 백송이다.

다섯 살 차이가 났지만 만날 때마다 시간을 잘 지키는 그를 보면서 결혼을 결정했다. 그가 유한양행에 합격하고, 우리는 결혼을 했다.

## 오늘과 다른 내일을 위하여

온양온천으로 신혼여행을 다녀와서 시흥에서 신혼살림을 시작했다. 시아버님은 일찍 돌아가시고, 시어머니와 가족들이 살아가던 삶과 나의 가치관은 많이 달랐다. 시집 식구들의 삶을 내가 책임져야 한다는 것이 경제적인 것보다 심리적으로 벅찼다.

그래도 남편과 나는 이해와 존중으로 평화로운 가정을 만들자고 했다. 남편은 출장 중에도 자상하게 편지를 보내주어 내게 행복을 주었다. 남편은 나를 믿고 전적으로 가정생활을 내게 맡겼다. 나는 내 삶의 방향을 포기하고 그들의 삶을 변화시켜보려고 노력했다. 그러나 생각보다 너무 힘들었다.

그래도 오늘과 다른 가정을 내일은 꼭 만들어보겠다고 다부지게 마음먹었다.

## 신앙 생활을 시작하다

　12월 24일에 시할머니께서 돌아가셨다. 기독교식으로 장례를 마치고 막연한 기분으로 송구영신 예배에 참석하면서 남편과 교회를 처음 나가기 시작했다. '나는 조용히 믿음만으로 지내겠다'고 다짐했다. 그리고 교회에서 맡은 소임을 해내면서, 나의 믿음으로 남편의 오 년간 투병 생활도 원망하지 않고 치유를 바라는 기적의 기도에 전념할 수 있었다.

　그러나 남편을 세상에서 떠나보내고 사흘 밤낮을 한없이 울었다. 다 울고 나서야 다시 신앙의 기둥을 세우고 반듯하게 일어서서 회사에 나갈 수 있었다.

　지금까지도 회사에서 일주일마다 예배를 보면서 더 단단해지려고 노력한다.

　부모는 내게 울타리가 되어주었고, 남편은 내게 추진력과 실천력을 감당하게 했다면, 만났던 사람들을 모두 내 삶의 멘토로 삼을 수 있었던 것은 신앙 생활이 내게 자리 잡은 덕분이다.

## 내 그림자를 만들다

첫째를 임신해서 팔 개월이 될 때까지 직장을 다녔다. 표시 안 나게 하려고 직장에서 더 민첩하게 행동했다. 입덧을 크게 하지 않았지만 삶은 달걀이 무척 먹고 싶었다. 시집 생활에서 혼자 먹을 수가 없어서 남편 출장을 따라가면 맘껏 먹어볼 수 있으리라 생각했지만, 주인집 아주머니 눈치가 보여서 뜻대로 달걀을 삶아 먹지 못했다. 배가 앞으로 나와서 딸일 거라 했는데, 정말 눈이 까맣고 쌍꺼풀진 건강한 딸을 낳았다.

내 행동 하나하나가 딸의 모습을 만들게 될 거라는 생각은 진짜 내가 어른이 되었다는 것을 실감 나게 했다.

딸은 초등학교 들어가서 반장을 하고, 고등학교 때는 합창반 지휘를 하면서 리더십을 발휘했다. 집안에서도 역시 첫째라는 생각을 들게 한다. 지금도 두 딸의 엄마로 충실한 삶도 나무랄 데 없지만, 나는 늘 딸이 가진 능력이 사회적 활동의 기회로 이어져 더 빛나길 바란다.

## 소나무 한 그루 심다

두 살 터울로 아들을 낳았다. 딸도 낳고 아들도 낳고 보니, 내가 할 일을 다했다는 기쁨과 안도감이 있었다. 그러나 키우면서 아들과 딸을 구별하지는 않았다. 아들은 대부분 개구쟁이라 키우기 힘들 거라고 주위에서 엄포를 놓았지만 딸 키우는 것과 비슷했다. 얌전한 편으로 옷이 조금이라도 삐뚤어지면 반드시 다시 고쳐 입었다. 그럴 때면 나는 아들이 번듯한 소나무로 자라주기를 기대했다.

초등학교 오 학년 때 "엄마 아빠 걱정 마세요. 제가 이 집안은 먹여살리겠어요"라고 했다. 그래서 아버지의 과업을 이어갈 수 있었으면 좋겠다 싶었는데, 요즈음은 가장으로서 의무감인지 "막내 동생은 내가 책임진다"고 나에게 아무 걱정을 말라고 한다. 회사에 올인하는 모습을 볼 때면 사시사철 변함이 없는 소나무가 되라고 내가 알게 모르게 너무 무거운 짐을 지게 했다는 생각도 든다.

## 빈 의자

둘째와 세 살 터울인 막내딸이 세상에 나오니 집안이 가득했다. 또한 첫째와 둘째를 키워봐서 키우기도 수월했다. 살결이 희고 언니보다 여성스럽고 내성적이다. 머리를 묶은 것이 제 맘에 들지 않으면, 맘에 들 때까지 다시 묶곤 했다. 한글을 빨리 떼게 하려고 일곱 살에 초등학교를 입학시키고 걱정했지만 악착같이 해냈다.

내게서 좀처럼 안 떨어지고 유치원 때까지 내게 업혀 다니던 딸이, 지금은 바다 건너 캐나다에 살고 있다는 것이 가끔씩 믿어지지 않는다. 마주 앉아 맛난 것도 먹으며 세상 돌아가는 이야기도 나누고 싶다는 생각이 들면, 그저 허전하고 모든 것이 텅 비어버린다.

그러나 삶의 과정에서 누구보다도 자신의 결정이 단호한 딸을 나는 믿고 늘 응원한다.

## 파도처럼

　남편은 회사가 안정될 때까지 아이들의 교육을 전적으로 내게 부탁했다. 그래도 회사 일에 바쁜 남편이 아이들에게 아버지로서 점수를 따게 하려고 기회 닿을 때마다 아이들과 가족 여행을 계획했다. 그러나 남편의 몸은 가족들이랑 있어도 생각은 늘 자신의 목표를 벗어나지 않고 있다는 것을 나는 알게 되었다.

　남편은 1970년 서른여섯 살, 드디어 맨땅에 '동구약품'을 창립했다. 유럽으로 세미나를 가도 동행들이 다 자는 동안에 그 옆 나라를 다녀올 정도였다. 파도처럼 쉬지 않고, 회사 성장에 인생 전부를 쏟아부었다.

## 꽃이 흐드러지게 피는 날들

아이들이 학교 다니는 것은 당연한 일이지만, 곁들여 내가 학교를 다닌 셈이다. 아이들을 통해 나는 세상을 더 많이 알게 되었다.

남편을 앞세워 아이들과 함께 안양유원지, 자연농원, 동물원, 창경원 밤 벚꽃놀이 등 가족 나들이를 할 때면, 아이들보다 내가 더 들떴다. 유원지에서 돌아오는 길에 첫째를 놓쳐 찾아 헤매던 일, 막내가 콧등을 벌에 쏘인 일들이 지금도 생생하다. 남편과 매일매일 커 가는 아이들하고 함께 살던 시간은 내 삶에 꽃이 흐드러지게 피는 날들이었다.

'언젠가 사춘기가 반드시 나타난다'는 말 때문에 내가 늘 걱정하는 마음을 아는지, 내가 모르는 일 말고 큰 병 없이 아이들이 잘 커서 더욱 그렇다.

## 보채지 말자

아이들의 생각보다 내가 늘 먼저 결정했다. 첫째는 피아노, 둘째는 바이올린, 막내에게는 첼로를 가르쳤다. 트리오를 만들어 늘 함께하기를 바라는 마음이었다.

다시 그때로 돌아가게 된다면 첫째가 수학 점수를 올리지 못해도, 둘째가 운동화 끈을 빨리 묶지 못해도, 셋째가 머리를 자기 맘에 들게 묶을 때까지 보채지 말고 기다려주어야겠다.

아이들이 대학에 들어가면서부터 가족 모임보다 자신의 일을 중요시하며 빠질 때면 섭섭하기도 했지만, 요즈음 나를 더 챙기는 자식들에게, "나 없어도 서로 챙겨주며 살아야 한다"는 또 성급한 부탁을 한다.

# 부활절이면

　1982년 부활절에, 시어머님은 예순아홉 해의 삶을 내려놓으셨다. 좋은 날에 장례를 치르게 되어 그나마 마음이 놓였다.
　시어머님은 삼십 대인 6·25통에 남편과 사별하고 혼자 자식들을 키우며 사셨다. 다른 환경 속에서 살다가 시집 온 나는 어머니 삶을 이해하지 못했다. 내 생각과 달리 집안에 일이 벌어져도 남편이 오직 회사 일에 전념할 수 있도록 맏며느리로서의 도리를 다하기를 원했기에 내가 나를 다잡았다.

　어머니와의 십구 년 인연. 어머니는 내가 몇 발자국 안 되는 내 방에 잠깐 갔다온 사이 돌아가셨다. 임종을 하지 못해 마음이 많이 아팠다. 고통 없는 좋은 곳에서 새롭게 살아가시길 간절히 기도했다.

　부활절이면 시어머님은 언제나 내게 오신다.

# 제 3 부

나의 생활의 기둥은 아버지에서 어머니로,
그리고 남편이었는데,

# 폭설

　겨울에 눈이 내리는 것은 당연하지만 대책 없이 나는 폭설을 맞았다.

　남편이 갑자기 아파서 나는 부사장, 유학 준비 중이던 아들은 부장으로 회사에 나가기 시작했다. 나는 회사 일을 잘 알기 위해서 각종 회의와 워크숍. 특히 서울 각 지점과 지방까지 직접 다니며, 회사의 꽃이라는 영업부에 더 신경을 썼다. 직원 이름을 기억하고, 대소사에 신경을 쓰는 일이 나의 중요 업무였다. 본사 일은 부장인 아들을 거쳐 부서장들의 브리핑을 서면으로 받았다.

　남편은 오 년간의 투병 생활을 이겨내지 못하고 우리 곁을 떠났다. 나는 쉰아홉에 동구제약 사장이 되면서 또 한 번의 폭설인 IMF를 맞았다. 그래도 남편과 함께 시작했던 분들이 긴축 재정을 우선으로 회사를 살리는 일에 한마음이 되어주셨다. 그 힘들었던 시간들을 한마디 말로 표현할 수는 없지만, 어느 날 문득 그 상황들이 파노라마로 눈앞에 펼쳐질 때 나도 모르게 숨을 몰아쉰다.

# 연리지

　남편의 난치병을 고쳐보겠다고, 국내 대학병원, 중국과 일본까지 남편과 함께 돌았지만 뜻을 이루지 못했다.
　내 생활의 기둥은 아버지였다가 어머니가 되었고, 그리고 남편이었는데, 남편 하관식을 하며, 나는 순전히 남편 그늘에서 누리고 잘 살았다는 것을 알게 되었다. '과부'라는 단어가 나를 슬프게 했다. 내가 잘못해서 놓친 것도 같았다. 남편 죽음은 예상보다 너무 빨랐다. 회사를 빨리 우뚝 세우고 싶었던 책임감에 병이 들었다는 불쌍한 생각이 들어 삼 일 밤낮을 울기만 했다.
　나는 남편 대신 회사를 이끌어가야 했다. 울음을 그치고 하나님을 기둥으로 삼고 다시 일어섰다. 그러나 회사는 마음만으로 되는 것이 아니었다. 남편 기일이나 명절이 되면, 나는 똑같은 말을 반복한다.
　"누구 하나 보태주지 않는 회사를 혼자서 이끌어가느라 얼마나 힘들었어요?"라고 말하면 남편이 내 옆에 오는 것 같다.

# 엄마는 살아 있다

　그동안 몸져누워 있지도 않았는데 여든여덟을 일기로 엄마가 세상을 떠났다. 내가 예순한 살로 자식들 다 결혼시키고 남편 보낸 지 이 년 만이다. 살아내기에 바빴던 나는 언젠가 좋은 날이 오면 엄마랑 마주 앉을 즐거운 시간이 있을 거라고 막연하게 미루기만 했는데, 그런 생각들이 후회로 밀려왔다. 우리 엄마는 절대로 죽지 않을 것만 같았던 어리석음과, 임종도 하지 못하고 엄마를 보내게 된 아쉬움에 나는 보호막이 없는 어린아이가 되어 눈물을 흘리며 한참 동안 무기력했다.
　요즈음 내 나이와 비슷한 사람들이 세상을 떠났다는 소식을 접할 때 내게도 죽음의 두려움이 잠시 스치다가 인생에 나와 가장 가까웠던 엄마가 생각난다. 형제들끼리 만나서 이야기를 주고받을 때면 그래도 엄마가 그 안에 살아 있다.

## 나의 용천수

나는 제주도 청굴물 용천수처럼 나의 창의력이 솟아 올라올 수 있도록 끊임없이 노력했다.

나보다 더 능력 있는 사람들과 함께 회사를 이끌고 나가야 했기 때문에 나의 부족한 점을 채워야 한다는 책임감이 경영 지식과 정보를 향해 도전하게 했다.

내가 누군가에게 무슨 일을 맡기려 한다면, 나 스스로 전문가가 되기 위해서 어떤 방식으로든 배움의 자리에 있었고, 그때마다 만나는 사람 모두가 나의 멘토가 되어 나는 편견이나 편협한 생각을 넘어설 수 있었다.

## 시내산에 다시 가고 싶다

부부 동반으로 처음 세계 여행을 시작했다. 남편은 회사가 더 안정되면 노후에 여행을 맘껏 하자고 해놓고 아주 긴 여행을 혼자 떠났다.

남편 없이 혼자 여행을 할 때마다 나만 누리는 것 같아서 남편에게 미안했다. 그리고 남편 덕에 거의 세상을 다 돌아다녔다.

성지 순례로 시내산에 간 적이 있다. 일출을 보려고 새벽에 오르던 시내산은 추웠다는 기억만 남아 있다. 시내산이 어디 있는지 학자들마다 여러 장소를 이야기하지만, 관광객이 아니라 잠시라도 순례자의 마음이 되어 다시 시내산에 오르고 싶다. 지금은 대영박물관에 있지만, 세계에서 가장 오래된 성경 필사본 가운데 하나인 '코덱스 시나이티쿠스'를 품었던 시내산 아래 성 카타리나 수도원에도 앉아 있다 오고 싶다.

## 바라보기만 해도 좋은

2006년 아들이 사장이 되고 나는 예순일곱 살에 회장이 되었다. 회사는 끊임없이 성장하고 있다.

아들이 아버지 사업을 이어가는 모습에서, 회사에 올인하던 남편 모습을 보는 것 같다. 나는 실무에서 물러나 지금은 일주일에 한 번 회사 예배 시간에 아들과 얼굴을 마주하지만 아들의 바쁜 일정으로 이야기를 나눌 시간이 없다.

제주에 가서, 한라산은 올라가지 못해도 바라보는 것만으로 좋은 것처럼 얼굴을 보는 것으로 만족한다. 아들이 아버지 사업을 이어가지 못했다면, 나는 남편이 이루지 못하고 떠난 안타까운 마음으로 우울해하며 지금 누리고 있는 생을 다 살지 못했을지도 모른다.

봄은 제주부터 온다. 올해도 한라산 아래 이른 봄을 즐길 수 있는 것은 순전히 아들 덕분이다. 아니 남편 덕이다.

## 독도에 서다

　독도를 밟아보려고 세 번 시도했지만, 심한 파도로 독도 앞까지 갔다가 돌아왔다. 코로나 19로 모두가 여행을 두려워하는데도 백신을 맞아가며 여든셋에 독도 여행을 감행했다. 드디어 네 번째 만에 독도 땅을 밟을 수 있었다. 용오름도 보았다.

　땅을 밟고 안 밟고가 뭐 그리 문제가 되냐고 물을 수도 있다. 또는 내가 무척 고집스러워 보일 수도 있다. 그러나 이제 다시 보지 못할 수도 있다는 생각에서였다. 때마다 가정 형편이니 회사 때문이니 여러 가지 이유를 대고 놓쳤던 나의 포기들이 나를 자책하게 만들었기 때문인지도 모른다.

## 그림 그리기를 시작하다

    고등학교 졸업하고 우연히 마릴린 먼로를 그려보았는데 이목구비가 뚜렷해서 생각보다 잘 그려졌다. 막연하게 나도 그림을 그리고 싶다는 생각이 들었다. 잊고 지내다가 큰딸 학교 어머니회 활동으로 선생님의 학습 자료 만드는 것을 도와드리면서 기쁨도 얻었다. 그런데 아이들을 미술학원에 보내면서도 내가 꼭 그림을 그려야겠다는 생각은 이어지지 못했다.

    일흔에 들어서 교회 초등부 아이들과 함께 부활절 전시회에 아크릴화 몇 점을 내면서 그림에 대한 막연한 꿈은 더 잘 그려보고 싶다는 열망으로 솔솔 피어 올라오고 있었다. 인사동에서 어반 스케치와 크로키를 시작하면서 인천여고 '녹미전'에 몇 점을 내다가, 여든셋에 목적을 가지고 본격적으로 수채화를 배우기 시작하였다.

    내 마음에 하루하루가 새날로 떠올랐다.

# 봄

벚꽃이 필 때면 창경원에 가족 나들이를 가곤 했다.

일본이 유원지로 만들어놓았을 때 흐드러지게 피었던 벚꽃들은 여의도 윤중로로 가고 없지만, 우리 가족들 모두 꽃송이로 만개했던 그 시절을 만나고 싶을 때면 발걸음을 한다.

지금은 이름을 회복한 '창경궁'의 홍화문을 들어서 옥천교를 거쳐 정전인 명정전. 영조가 사도세자를 뒤주에 가둔 문정전. 혜경궁 홍씨가 정조를 낳고 『한중록』을 집필한 경춘전. 정조가 즉위 후 머물렀고 승하한 영춘헌(迎春軒) 앞에 서면, 정조가 아버지 명예를 회복하고, '조선의 봄'을 맞이하려고 얼마나 힘들었는지 나는 안다.

정조에 비하면 내 삶은 평범하겠지만, 남편이 다 이루지 못한 '동구'를 꽃피워보겠다고 나도 이렇게 힘들었기에.

# 여름

8월 10일, 하얀 상복이 온몸에 들러붙던 그날, 우리를 두고 이승의 길을 떠나시는 아버지 길을 울며불며 따라나섰다.

무더운 여름날 옷이 몸에 들러붙을 때면 언제나 아버지를 마지막으로 보내던 그날에 서게 된다.

"아버지 가신 날이 복중이었지, 복중이었지……."

되풀이하면, 덕분에 아버지를 만나기도 한다.

## 가을

　남들이 보기에 여든 줄이라 하면 겨울이라 할지 모르지만 나는 지금 가을이다.

　남보다 어린 나이에 초등학교에 입학했지만, 달리기 계주가 된 막내 덕분에 딸과 하나가 되어 가을 운동회에 흠뻑 빠졌던 그날로 돌아가자는 것은 아니다.

　창경궁 춘당지에 이쁘게 물든 단풍과 마주치면서, 유독 올가을에 나도 이렇게 곱게 물들어가는지 자문자답한다.

## 겨울

나는 나무 중에 소나무를 제일로 친다.

소나무의 푸른 이파리는 겨울이라야 더 돋보인다. 소나무 단단한 껍질은 겨울을 이겨낼수록 풍채를 자랑삼아 걸어가던 나를 멈추게 한다.

그래, 나도 갑상선암과 난소암으로 두 번의 혹독한 겨울을 이겨냈으니 단단하게 나이를 먹자. 더 푸르게 살아보자.

## 겨울에서 봄으로

　춘설이다. 봄이 올 것 같더니, 2월 14일에 때아닌 눈발이 흩날렸다.

　남편의 장례 행렬이 회사까지 돌아 장지로 향할 때, 남편이 이제는 고통 없는 곳으로 가리라 아무리 마음을 다져도 흩날리는 눈발이 가슴에 붙어 눈물 흘리게 했다.

　따뜻했던 남편의 그림자를 지우며 봄이 오는데, 나는 겨울 속으로 들어가고 있었다.

## 제 4 부

아버지 기대만큼 배움의 과정을 다 하지 못한

결핍이 나를 키웠다

# 이만큼의 거리

　내가 낳은 자식도 내 마음대로 하지 못하는데, 환경이 다른 곳에서 살아온 며느리에게는 더 조심스러웠다. 나도 시어머님과 함께 살아봐서 시어머니와 며느리 사이는 좀처럼 좁히기 어렵다는 것을 알고 있다. 당연한 거리를 인정하고 따로 살자고 결정한 것이다.

　너도 나처럼 생각하는지, 혹시 나한테 서운한 것이 있는데 나만 모르고 있는 것은 아닌지 가끔 궁금하기도 했다. 며느리가 시어머니를 모신다고 하는 것이 꼭 함께 살아야만 하는 것은 아니란다. 나는 너와 관계에서 이만큼의 거리로 충분하다.

　누구보다 자식 교육 잘 하고, 남편 잘 챙기는 너는 내 아들에게 좋은 아내이며 내 식구다.

## 또 하나의 기둥

　딸의 결정을 전적으로 믿었다. 의지가지인 딸이 시집가기 전날 나는 눈물을 미리 흘렸다. 자네가 아들보다 나이가 많아서 언젠가 우리 가정에 어려운 일이 생기면 의견을 먼저 나누어볼 수 있다고도 생각할 만큼 든든한 기둥으로 생각했다. 그래서 살면서 꼼꼼하고 철저함에 점수를 제일 많이 주었다.

　자네가 벌써 첫딸을 시집보내며 결혼식장에서 주례를 대신할 때, 나는 새롭게 펼쳐질 손녀의 삶도 축하했지만 자네 모습과 잘 살아가는 내 딸의 모습에 박수를 쳤다네.

# 울타리

담장에 찔레꽃이 필 때 네가 태어났다. 너를 많이 의지한 나는 '너를 어찌 시집보내나' 늘 걱정했는데, 벌써 너는 네 딸을 시집보냈구나.

무엇보다 내가 난소암으로 입원했다가 퇴원하던 날, "엄마, 우리 집으로 가자!"고 했을 때, 사돈과 허물없는 사이기는 해도, 아들도 며느리도 있으면서 딸 집으로 가는 내가 사돈에게 어찌 보일까 걱정도 되었지만 네 말이 무척 고마워 눌러앉았다.

또 "엄마가 우리 집 옆에 살아야 한다"는 말에 네 곁에서 살게 되어 네 동생들도 마음 든든해한다. 나이 들어 혼자 사는 것이 낮에는 좋은 점도 있지만, 저녁이 되면 두려움과 외로움이 잠시 밀려오기도 하는데, 네가 곁에 있다는 것이 불면증 없이 잠들게 한다.

너는 내 삶의 찔레꽃 울타리구나.

# 노을 속 소나무 둘

오후에 서오릉을 돌고 나오는 길에 나무 두 그루를 보면서 너를 생각했다. 나도 언제까지나 이렇게 함께 있고 싶구나.

네가 유학을 포기하고 아버지 일을 맡게 되어 늘 마음이 안쓰러웠다. 그러나 네가 선택한 일이 아니었지만, 너랑 같이 회사 일을 할 수 있어서 내게는 큰 힘이 되었다.

네가 "엄마 건강하게 오래오래 사셔야 해요"라는 말을 할 때면 '아직도 내가 네 곁에서 뭘 더 챙겨줘야 하나?' 하는 생각을 먼저 한다. 그래서 지켜보기보다는 부족한 점을 먼저 지적하였다. 끝내는 네가 이끌어갈 회사였기에 늘 노심초사라 그랬구나.

너는 우뚝 서서, 지금 누구보다도 네 궤도를 잘 잡아 운행하고 있어 마음 든든하다.

## 제부도 갯벌에서

썰물로 드러난 갯벌을 보면서 제부도에 들어선다.

대학을 막 졸업한 가장 중요한 시기에, 너는 오 년이라는 아버지의 투병 기간에 간호를 맡아주었다. 네 덕에 식구 모두가 제자리에서 맡은 바 일을 열심히 할 수 있었다. 별 다섯 개를 주어도 모자라는 너에게 한 번도 나는 정식으로 "아버지 간호를 잘해주어 정말 고마웠다"고 말하지 못하고 그저 미안함을 꾹꾹 눌러 덮어두었다. 내가 너무 힘들어서 너를 위로하지 못했다.

삼십사 년 만에 용기를 내서 내가 너에게 전화로 이야기를 꺼냈을 때, 아무렇지도 않게 "마음에 두지 말라"고 너는 덤덤하게 대답했다. 아버지 곁을 지켜주던 너의 몇 장면들이 나에게서 애잔하게 지나갔다. 왜 힘든 날이 없었을까마는 모두 잊은 듯이 대답하는 너의 말이 너무 미안하고 고마웠다.

나는 딸에게 정말 오랜만에 갯벌을 드러내고 나의 진심을 보여주었다. '참 잘했다'고 나에게도 별 다섯 개를 주었다.

## 선물

내 자식들이 자식을 낳았다는 것이 내가 자식을 낳은 것 이상으로 기뻤다. 너희들이 나의 손주로 태어날 때마다 귀한 선물로 받아들였다. 엄마 아빠의 사랑이 너희들을 언제나 따뜻한 집으로 감싸고 있어서 내가 내 자식만큼의 의무와 책임감은 적었다. 내 몫은 칭찬과 격려로 지켜볼 뿐이다.

내 땅에서 피어나는 꽃도 되고 나무도 되겠지.

쑥쑥 자라나서 너희들끼리 서로 잘 어울려 더 풍성한 삶을 살면 좋겠다. 또한 만나는 사람들에게 향기와 기쁨이 되었으면 더 좋겠다.

## 매화로 필 때까지

아버지는 나를 박사로 만들어야겠다고 말씀하셨지만, 아버지 돌아가시고 팔 남매 가정을 이끌어가시는 어머니를 생각해서, 대학 진학을 포기한 것이 평생 아쉬움으로 남는다.

결혼해서 남편도 대학 진학을 권유하였지만, 나는 또 한 번 주변 환경을 생각하면 내가 공부할 때가 아니라고 포기하였다. 남편이 가고, 내가 하루아침에 떠맡았던 회사를 아들이 전적으로 운영할 때까지, 나는 간절함이 부족해서 치열하지 못했다고 자책하며 언제나 삶의 계단을 오르내릴 때마다 아버지를 그리워했다.

아버지 기대만큼 배움의 과정을 다 하지 못한 결핍이 늘 나를 따라다녀서 기회 닿을 때마다 오히려 끊임없이 지금도 공부한다.

# 엄마 나이에

마흔네 살에 혼자가 되어 여든여덟까지 오직 자식을 위해 살면서, 내가 지금까지 누리는 복을 엄마는 하나도 누리지 못하셨다.

누군가가 필요하다고 생각할 겨를이 없도록 엄마의 삶이 내 중심에 있었지만, 내가 잘 사는 것만도 효도라고 생각하던 그 시절엔 올케가 하는 일 따로 있다고 미루었던 일들이 엄마를 얼마나 외롭게 했을까.

모처럼 구례 관광을 가셨다가 교통사고가 나서 우리를 놀라게 했고, 소파에서 떨어져 고관절 골절로 수술하고, 체기로 늘 가슴앓이, 무릎 관절 허리 통증에 솔잎 찜질, 돌멩이 찜질하는 것이 최선이라고 보기만 하고 병원 한번 함께 가지 못했다.

여든 넘은 내가 정기검진을 받으러 갈 때면 엄마에게 제대로 못한 자책 때문에 내 가슴이 구멍투성이다.

# 상사화

고맙다는 말보다 미안하다는 말을 하고 싶은데, 우리는 끝내 만나지 못하는 상사화가 되었다. 남편은 이 세상이 나에게 준 크나큰 선물이다. 남편이 마련해놓은 자리를 나만 누리고 있다.

나는 어느 하루 떠맡은 회사 경영을 하면서, 회의 중에 결론을 내지 못하고, 남편에게 승인받고 말하겠노라고 돌아와서는, 아픈 남편에게 말을 꺼내지도 못했다. 회사에 가서는 남편의 결론이라고 말할 때가 가장 가슴 아팠다.

남편은 죽음을 예감한 뒤, 회사에 관한 대화를 더 이상 하지 않았다. 어떻게든 나는 생기를 넣어보려고 말을 붙이면 "니가 잘 하고 있잖아!" 하면서 말을 돌렸다. 얼마나 혼자서 고독하고 외로웠는가를 생각할 때마다 회사 일 때문에 남편과 그 힘든 마지막 시간들을 함께하지 못한 것에 가슴이 아프다. 그래서 내가 남편 덕에 꽃으로 필 때마다 더 그립다.

## 시어머님의 계단

나는 내가 할 수 있는 일만 잘 하면 된다고 생각했다. 어머니와 다툰 적도 없지만, 다정하게 이야기를 나누거나 어머니를 이해해보려고 하지도 않았다.

그 힘든 시대에 태어나 전쟁통에 남편과 일찍 사별을 하고 줄줄이 낳은 자식을 키우는 일이 얼마나 힘들었을까. 나도 어머니 편이 되어주지 못하고 나 사느라 바빴다고 말했지만, 새삼 어머니 돌아가신 나이도 지난 이만큼 올라온 계단에 서서 돌아보니, 혼자서 외로웠을 어머니 인생이 한없이 애달프다.

## 아이가 되다

　아버지가 돌아가시고 어머니와 집안 살림을 책임지며 얼떨결에 나는 어른이 되었다고 생각했다.

　다섯 살 위인 듬직한 남편 덕분에 첫아이, 둘째, 셋째를 낳을 때는 어른이 되는 것을 기쁘게 받아들였다.

　남편이 남긴 회사와 집안을 통째로 이끌어가야 하는 어른이 되었을 때는 시간이 지난 지금도 고통스러웠던 그 마음이 그대로 밀려온다.

　여든이 넘어서야 두루두루 살피는 정말 어른이 된 것 같은데, 이제는 자식들이 늘 나를 걱정해주는 집안의 아이가 되었다.

　가슴에 응어리가 녹아내리는지 아주 작은 일에도 눈물을 흘린다. 동백처럼 땅에 떨어져 잠시나마 살 수 있는 기회가 온다면 정말 잘할 수 있는데…….

## 나에게 칠 일이 남았다면

하루 - 나의 인생을 함께했던 사람들에게 일일이 감사의 말을 전하다.

이틀 - 한 팀이 되었던 사람들과 정을 나누다.

사흘 - 남편이 만들고, 내가 거들고, 아들이 확장한 회사를 둘러보고, 사원들과 악수를 하다.

나흘 - 새벽 기도를 소리 내서 하다.

닷새 - 형제들과 밥상을 같이하다.

엿새 - 가족들과 '내가 없는 미래'를 이야기하다.

이레 - 하루를 남겨두다.

## 나는 화가도 작가도 아니다

　이 책을 세상에 내놓기 위해서 글을 쓰고, 그림을 그리던 시간은 그 어느 때보다 열정과 희망으로 가득 찼던 시간이었습니다. 순간순간 행복했지만 그만큼 무척 힘들었습니다.

　끝내고 나면 훌훌 털고 춤이라도 출 것 같았습니다.

　그러나 회사도, 그림도, 글도 계획적으로 좀 더 일찍 시작했더라면, 좀 더 전문성이 있었더라면 인생의 더 멋진 그림이 되었을 거라는 생각이 좀처럼 떨어지지 않고 무겁습니다.

　나는 화가도 작가도 아니라는 사실이 때때로 무겁게 나를 눌렀습니다. 코로나 19도 앓고, 만남을 줄이고, 병원도 다니면서 밤을 새워 쓰고 그리다가 몇 번이나 체력이 바닥나서 주저앉기도 했습니다.

　그때마다 다시 일어설 수 있도록 격려와 가르침을 아끼지 않으신 이상백 시인과 박일훈 화가, 그리고 푸른사상사 한봉숙 대표에게서 다시 힘을 얻었습니다. 감사 드립니다.

## 위기 속에서 피는 꽃

이경옥만의 이야기가 아닙니다.
여든의 삶을 살아온 사람들 모두의 이야기입니다.
서로 다른 가정사로
폭이나 두께가 다르기는 하겠지만
인생의 맛을 내려고 애쓴 점에서는 같기 때문입니다.
그림을 보고 글을 읽으면서,
글을 읽으면서 그림을 다시 보게 됩니다.
그래서 한 페이지를 읽으면 다음 페이지가 기대됩니다.
중간중간에
'내 이야기들'도 자리 잡고 있어서
책을 놓지 못하고 단숨에 읽게 됩니다.

『경옥이 그림일기』는
그림일기의 특징을 잘 살렸습니다.
일상의 성실함과 반성입니다.

이상백 (시인)

## 이야기가 있는 전시회

그림마다 이야기를 하고 있습니다.

사물마다 의인화를 하여서 그림과 글이 잘 어울립니다. 분명히 사실화인데 모두 새로운 의미를 가지고 있습니다. 특히 소나무를 주제로 다양하게 그려서 구성도 탄탄합니다.

한 사람의 일생을 둘러보는 전시회에 초대받은 느낌입니다.

화가의 그림이 아니기에 그림에 대한 평가는 다음입니다.

계획하고 완성하기까지의 열정에 더 큰 박수를 보냅니다.

오히려 그림을 조금 그리는 사람들이 이 책을 보면서 '나도 마음 먹으면 할 수 있겠다'는 용기를 얻게 될 테니까요.

저도 이번 기회를 통해,

그림으로 혼자 빛나는 것도 좋지만 그림과 글이 함께여서 더욱 빛나는 새로운 시도를 해볼 작정입니다.

박일훈(화가)

이경옥 李敬玉

■ 1939년 인천에서 태어나 인천여고를 졸업했다. ㈜동구약품 부사장, ㈜동구제약 사장을 거쳐 현재 ㈜동구바이오제약 회장이다. WCPM(세계CEO전문인 선교회장), 사단법인 아시아포커스 이사장, 이영회연합회 상임고문으로 활동하고 있다.

## 경옥이 그림일기

초판 1쇄 인쇄 · 2022년 10월 15일
초판 1쇄 발행 · 2022년 10월 25일

글, 그림 · 이경옥
펴낸이 · 한봉숙
펴낸곳 · 푸른사상사

편집 · 지순이 | 교정 · 김수란, 노현정 | 마케팅 · 한정규
등록 · 1999년 7월 8일 제2-2876호
주소 · 경기도 파주시 회동길 337-16 푸른사상사
대표전화 · 031) 955-9111(2) | 팩스 · 031) 955-9114
이메일 · prun21c@hanmail.net
홈페이지 · http://www.prun21c.com

ⓒ 이경옥, 2022

ISBN 979-11-308-1961-7　03810
값 19,500원

저자와 합의하여 인지는 생략합니다.
이 도서의 전부 또는 일부 내용을 재사용하려면 사전에 저작권자와 푸른사상사의 서면에 의한 동의를 받아야 합니다.
이 도서의 본문 디자인에 대한 권리는 푸른사상사에 있습니다.